LES QUESTIONS RURALES

LE BIEN DE FAMILLE INSAISISSABLE

PAR

ROBERT DE LA SIZERANNE
AVOCAT A LA COUR D'APPEL

Every man's house is a castle.
(Vieille maxime anglaise.)

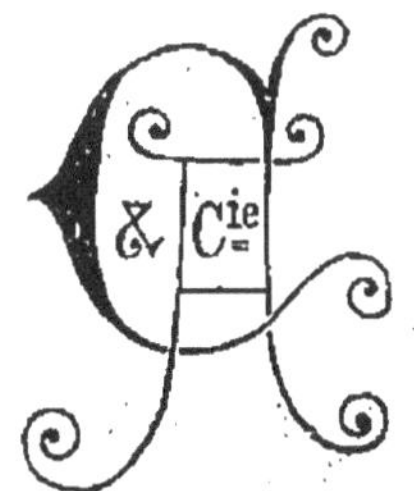

PARIS
ARMAND COLIN ET Cie, ÉDITEURS
RUE DE MÉZIÈRES, 5

LE

BIEN DE FAMILLE

INSAISISSABLE

DU MÊME AUTEUR

Le Referendum communal, avec une préface de M. Paul Deschanel, 1 brochure in-16. . . . . 1 fr.

LES QUESTIONS RURALES

LE
BIEN DE FAMILLE
INSAISISSABLE

PAR

ROBERT DE LA SIZERANNE
AVOCAT A LA COUR D'APPEL

Every man's house is a castle.
(Vieille maxime anglaise.)

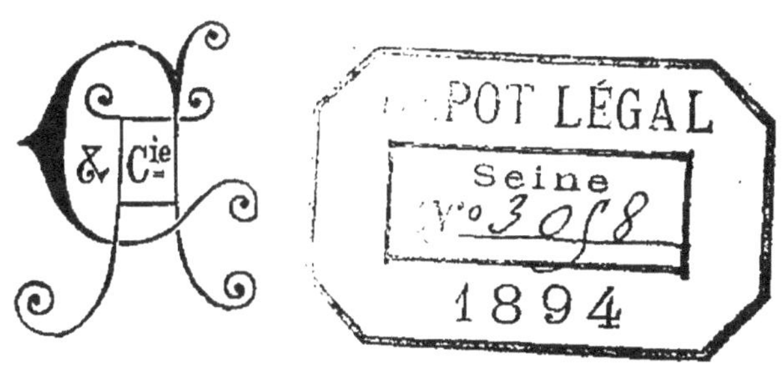

PARIS
ARMAND COLIN ET Cie, ÉDITEURS
RUE DE MÉZIÈRES, 5

1894

LE
BIEN DE FAMILLE
INSAISISSABLE

On entend dire à une foule de braves gens ahuris par le socialisme : « Il faut faire quelque chose ! Il faut faire quelque chose ! » Cela est vrai. Seulement ce quelque chose ne consiste pas uniquement à amadouer nos adversaires. Cela peut être aussi de conserver nos amis. Pendant que nous courons après un ouvrier gréviste pour lui offrir des remèdes dont il ne veut pas : caisses de retraites, coopération, etc., comme on l'a très bien vu lors des dernières grèves d'Amiens, nous oublions de conserver à la santé sociale dix travailleurs ruraux qui ont les mêmes intérêts que nous, mais qu'il ne faut pas laisser ruiner, sous peine de les voir passer dans le camp opposé. Le bastion le plus solide, le plus imprenable de la conservation sociale, c'est la *petite propriété*. Les socialistes l'ont si bien senti, qu'ils n'osent diriger contre elle le moindre projectile. Au mépris de leurs principes, ils assurent au petit propriétaire qu'ils respecteront son bien et que leurs obus lui passeront par-dessus la tête. Eh bien, tout en bataillant dans les escarmouches hasardeuses, fortifions la petite propriété, ce bastion qui sera le suprême refuge du libéralisme, afin que le jour où le mouvement socialiste viendra là, il s'y brise irrévocablement.

Lève-toi, Jacques, lève-toi,
Voici venir l'huissier du Roi.

Ce refrain mélancolique d'une chanson populaire revient à la mémoire lorsqu'on voit, à la campagne, ce spectacle navrant : un cultivateur ruiné, saisi, chassé du champ qu'il a cultivé, un chef de famille mis à la porte de la maison familiale, un paysan exilé de son pays. On se rappelle alors cette complainte du poète populaire : la femme crie à son mari de se réveiller pour recevoir les gens de loi qui, chez le voisin, « saisissaient avant l'aurore » ; elle énumère leurs misères, leurs impôts, leurs souffrances et à la fin de chaque strophe : « Lève-toi, Jacques, lève-toi ! » Mais Jacques reste étendu, pâle, sans souffle : Jacques Bonhomme ne se relèvera jamais... Aujourd'hui, il n'y a plus d'huissier du Roi, mais il y a encore l'huissier de la République, et il n'est pas notablement plus agréable d'être dépouillé par l'un que par l'autre. — Comment cela peut-il arriver ? D'une façon bien simple.

Le cultivateur a emprunté pour acheter des bestiaux, des engrais, des outils de culture ; il a emprunté pour réparer sa maison, pour payer un domestique, souvent pour acheter un champ nouveau qu'il n'aura ni le temps ni la force de cultiver. Il a emprunté à 8 p. 100. Il a payé pendant un certain temps ces intérêts régaliens, puis une mauvaise année est venue, la sécheresse l'a forcé de vendre ses bêtes, parce qu'il n'avait plus de quoi les nourrir. Il emprunte pour payer sa première dette ; il engage son champ, sa maison, tout ce qu'il a au monde ; il lutte bravement, désespérément, mais les gens de la ville, les gens habillés de drap, qui tiennent en main sa destinée, comptent pour rien ses efforts s'ils ne sont pas productifs. Arrive le moment où il faut que le créancier se rembourse. Puisque l'intérêt ne vient plus, saisissons le capital ! Longtemps il a hésité parce qu'il sait qu'entre sa main crochue et la proie qu'il convoite il y a un grand magicien, le *Fisc*, qui, d'un coup de baguette, peut tout faire évanouir en fumée. Pour parler sans tropes, il sait que la vente par autorité de justice d'un immeuble de 500 francs peut coûter jusqu'à 685 francs et que, dans ce cas, tout le monde perdra, hormis « l'huissier du Roi ». Cependant il se décide : l'expropriation est ordonnée.

Le propriétaire qui a pu être imprudent, qui a dû être malhabile, qui a été malchanceux, se voit chassé de la propriété qu'il a engagée dans un moment de détresse ou de présomption ; sa femme, ses enfants deviennent comme lui des prolétaires. D'autres moissonneront les champs qu'il a ensemencés

Barbarus has segetes...

Pour lui, il s'en va vers les villes béantes où l'attendent la noire misère et l'évangile selon M. Guesde, et de cette chaumière qu'il a tant aimée, il n'emporte rien... Si, je me trompe, il y a quelques mots dans la loi qui lui permettent d'emporter son lit, ses outils, une vache ou deux chèvres, avec de la farine et des herbes pour se nourrir lui et ses bêtes pendant un mois.

Ces quelques mots du Code sont humains, mais un lit, des outils, une vache ou deux chèvres, est-ce suffisant pour permettre au cultivateur de vivre d'une nouvelle vie de travail? Puisqu'on a réservé par humanité ces quelques objets, pourquoi ne fait-on un pas de plus? Pourquoi ne réserve-t-on pas quelque chose à quoi ces outils puissent servir ? Puisqu'on excepte de la saisie ce lit où il couche, pourquoi n'en pas excepter encore ce toit qui lui sert d'abri? Puisqu'on lui conserve l'outil qui cultive, pourquoi ne pas lui conserver ce champ qui entoure sa maison — non pas toute sa petite propriété dont il vend les produits, mais l'étroit espace d'où il tire sa nourriture pour lui et sa famille, le noyau de son exploitation agricole qui subsisterait alors même que tout le reste disparaîtrait, qui serait, dans le naufrage de sa maigre fortune et de ses modestes ambitions, l'îlot où il trouverait le salut, la vie, jusqu'à ce que l'horizon se soit éclairci? En un mot, pourquoi ne pas déclarer intangible, insaisissable ce bien de famille, cet endroit où se tient la maison, ce *Homestead* que souvent le paysan ou ses pères ont conquis sur la nature, ont fait ce qui est, et dont un moment de revers peut le chasser? Mais je m'aperçois que je viens de prononcer le mot de *Homestead*. Cela me fait souvenir que ce que je propose là existe depuis cinquante ans aux États-Unis et qu'il n'y a qu'à regarder là-bas pour imaginer ce que l'on pourrait faire chez nous.

Dans la plupart des États de l'Union, lorsqu'un cultivateur veut se prémunir, lui et sa famille, contre ses propres entraînements, il peut mettre à l'abri pour toujours la maison qu'il habite et une petite partie de sa propriété. Il lui suffit de faire une déclaration devant les autorités, par exemple le *recorder* du comté. Assurément, il ne peut faire déclarer insaisissable un grand espace de terres, ni une maison d'une grande valeur. Le *Homestead* est limité, soit par son étendue, comme dans l'État de Wisconsin où il ne peut excéder 40 acres à la campagne et un demi-acre à la ville, soit par sa valeur, comme dans le Massachussets où il ne peut dépasser 500 dollars. Cette déclaration est suffisamment affichée et publiée pour que tous ceux qui, plus tard, pourront prêter de l'argent au propriétaire du *Homestead*, sachent bien qu'une partie de sa fortune échappe à leurs prises. Cela fait, quoi qu'il arrive, le chef de famille et les siens trouveront au *Homestead* un refuge et un moyen d'existence. Si le père meurt laissant des dettes, le privilège subsiste; si les enfants sont eux-mêmes engagés, ils n'ont pu engager le *Homestead*, qui reste intact jusqu'à leur vingt et unième année. Ainsi donc il ne peut y avoir de vente forcée du bien de famille, mais peut-il y avoir vente amiable? Le propriétaire s'est-il interdit à lui-même de vendre son bien, si cela lui fait plaisir? Non. Seulement il lui faut pour cela le consentement par écrit, positif, de sa femme.

Tels sont, à grands traits, les principes de la

Homestead exemption law. C'est en 1839, à la suite d'une crise qui avait ruiné beaucoup de farmers, que le Texas promulgua le premier cette loi garantissant le cultivateur contre toute saisie. Les effets en furent si bienfaisants que peu à peu, s'imitant les uns les autres, trente-trois États l'ont expérimentée et même dix-huit d'entre eux l'ont inscrite dans leur Constitution politique. C'est là, comme le dit très bien M. Léon Donnat, un exemple très frappant et très probant de politique expérimentale.

Les Américains regrettent-ils leur enthousiasme de la première heure? Nullement. Le secrétaire de la légation anglaise à Washington écrivait, il y a quelques années : « Il existe indubitablement dans les États des milliers de familles qui ont été sauvées d'une ruine complète par ces humaines précautions... Les avantages provenant de cette législation sont très grands et l'assentiment général de l'opinion se trouve en faveur de ces lois, comme le prouve le fait de la tendance à étendre plutôt qu'à restreindre les exemptions offertes, et toute tentative pour diminuer ou rapporter par la loi les privilèges accordés serait repoussée de tous côtés avec indignation. » Le consul Lyall, du Texas, rapporte ce qu'on dit dans cet immense État de la loi d'exemption : « Qu'elle encourage le peuple à se marier, à être industrieux, à acquérir des biens, qu'elle empêche les gens qui sont malheureux d'être ruinés et expulsés par leurs créanciers, et que tout le monde sachant fort bien que la propriété foncière de chacun (jusqu'à une certaine somme) ne peut servir de garantie, les affaires s'opèrent sur cette base et par conséquent il ne s'ensuit aucune injustice. »

Passons aux objections. — Mais le *Homestead* frustre le créancier! — Pas le moins du monde, s'il est averti, avant de prêter, que le bien de famille est insaisissable. —Mais si le propriétaire garde le droit de vendre ce qu'il ne peut hypothéquer, il vendra par avance pour emprunter et le but de la loi sera manqué? — Assurément, il le pourra, s'il obtient la signature de sa femme dans un acte notarié, mais autre chose est pouvoir, autre chose est vouloir. Autre chose est d'hypothéquer, car là le danger est loin, la saisie à peine entrevue comme une éventualité chimérique, autre chose est de se décider à vendre, par avance, jusqu'à son dernier lopin de terre.

Mais si vous diminuez le gage du créancier, vous diminuez ainsi le crédit du cultivateur, ce fameux crédit agricole, dont on parle tant! — Tout d'abord, le *Bien de famille* ne comprendrait pas toute la propriété : on pourrait le limiter pour l'habitation et le champ qui l'entoure à une valeur maxima de 5,000 francs, par exemple. Ensuite la loi nouvelle n'obligerait personne : elle donnerait seulement la liberté de se protéger d'avance par le *Homestead* comme on a la liberté de se ruiner d'avance par l'hypothèque.

Enfin, est-ce un crédit si désirable, si utile que celui qu'on obtient en engageant sa dernière ressource, son gagne-pain? N'est-ce pas un mirage, un mensonge destiné à tromper l'emprunteur sur son véritable état, sur ses forces, sur ses chances, à lui cacher qu'il est à bout de ressources et qu'il faut recommencer une nouvelle vie? N'est-ce pas là le cas de répéter le mot du président Dupin : « *Le crédit territorial soutient le paysan comme la corde soutient le pendu!* » D'ailleurs, les hommes pratiques l'ont si bien compris que les propagateurs les plus énergiques, les plus dévoués du crédit agricole, comme M. Milcent, du Syndicat de Poligny, sont en même temps des partisans du *Homestead.*

Ce sont là choses d'Amérique! nous dira-t-on peut-être en hochant la tête. — Soit. Les cépages qui nous donnent du vin, depuis le phylloxéra, en sont aussi et si l'on ne veut jamais des réformes qui ont été expérimentées à l'étranger, on est obligé d'adopter celles qui n'ont été expérimentées nulle part. On se condamne ainsi à innover sans bases ou à se morfondre sans progrès. Assurément, il y aurait des difficultés de détail à greffer la loi américaine sur le tronc de nos Codes et les gens de chicane ne manqueraient pas d'en faire naître, s'il n'y en avait pas. Il est certain, par exemple, qu'il faudrait absolument libérer de tous frais la déclaration et la publication du *Homestead*, sans quoi pas un paysan ne voudrait s'y résoudre. Mais il s'agit de sauver la petite propriété! Il y a plus de 9,000 saisies immobilières par an. Hésitera-t-on plus longtemps?

Et qu'on ne croie pas que ceci soit l'expression d'un sentiment individuel isolé, local ou même restreint à la France. Le mouvement « propriétaire » est international, comme le mouvement prolétaire. En Italie, des hommes d'État comme MM. Luzzatti, Chimirri, anciens ministres, des jurisconsultes comme M. Santangelo Spoto Ippolito, de nombreux agriculteurs comme ceux de l'Académie des Georgofili de Florence, agitent la question du *Homestead*. En Angleterre, ce sont des économistes comme M. Devas qui l'ont lancée et une association existe à Londres qui n'a d'autre but que d'obtenir des lois de *Homestead*. En Allemagne, tout un parti le réclame sous le nom d'*Heimstaette*. En France, l'idée a été soutenue au sein des *Unions de la paix sociale*, à l'Académie de législation de Toulouse et, ce qui est plus probant encore, des conseils généraux de départements agricoles ont émis des votes dans ce sens. Ce mouvement, qui tend à s'accentuer, est évidemment très démocratique, mais en même temps très contre-socialiste.

Le socialisme c'est le : tout à l'État ! le *Homestead*, c'est le : quelque chose à l'individu ! Le socialisme, c'est tout le monde prolétaire; le *Homestead*, c'est beaucoup de gens propriétaires. C'est non pas la seule, mais une des lois bienfaisantes et sagement protectrices qui pourraient consolider la barrière que la petite propriété oppose à la Révolution. « Et vous croyez avec ce fétu arrêter le train socialiste lancé à toute vapeur ! » nous diront les gens qu'affolent les prophéties des collectivistes débitées avec un aplomb de somnambule de foire. Mais il y a mieux à faire qu'à écouter ces railleries. Laissons les socialistes annoncer la fin du monde, et nous, non seulement continuons à bâtir, mais continuons à planter pour les années qui viennent et surtout par des lois comme celles du *Homestead*, à conserver aux travailleurs de la terre ce qu'ils ont bâti et ce qu'ils ont planté.

Paris. — Imprimerie L. Maretheux, 1, rue Cassette — 3557.

Histoire des Doctrines économiques, par M. A. ESPINAS, professeur à la Faculté des lettres de Bordeaux, chargé du cours d'histoire d'économie sociale à la Faculté des lettres de Paris. 1 vol. in-18 jésus, broché. **3 50**

L'Éducation des classes moyennes et dirigeantes en Angleterre, par M. MAX LECLERC, avec un avant-propos, par M. EMILE BOUTMY, membre de l'Institut, directeur de l'Ecole libre des sciences politiques. 1 vol. in-18 jésus, broché. **4 »**

Les Méthodes d'éducation dans la famille et à l'école. — Les Ecoles et les régions. — L'Etat. — Les Universités. — La Presse : le journal, le livre.

Bulletin de l'Office du Travail, publié par le Ministère du Commerce, de l'Industrie, des Postes et des Télégraphes. Paraît le 20 de chaque mois. Prix du numéro. **0 20**

Abonnement annuel (*de janvier*), France et Colonies, **2 50**; Etranger. **3 50**

Revue politique et parlementaire, Questions politiques, sociales et législatives, publiée sous la direction de M. MARCEL FOURNIER, agrégé des Facultés de droit, lauréat de l'Institut. Paraissant le 1er de chaque mois. Prix du numéro. **2 »**

Abonnement annuel (*de juillet*), France, **20 fr.**; Colonies et Etranger. **25 »**

Professions et Métiers, Guide pratique pour le choix d'une carrière, publié sous la direction de M. PAUL JACQUEMART, inspecteur général de l'Enseignement technique au Ministère du Commerce, de l'Industrie, des Postes et des Télégraphes.

TOME Ier : **Professions libérales.** 1 vol. in-8° de 1000 pages, broché. **10 »**

TOME II : **Professions manuelles, industrielles et commerciales.** 1 vol. in-8° de 1100 pages, broché. **10 »**

Paris. — Imprimerie L. MARETHEUX, 1, rue Cassette.

www.ingramcontent.com/pod-product-compliance
Lightning Source LLC
LaVergne TN
LVHW010315230826
846091LV00009B/3658

* 9 7 8 2 0 1 9 9 3 4 3 0 9 *